언짢은 사실

송일순 시집

문학의전당 시인선
171

언짢은 사실

송일순 시집

문학의전당

시인의 말

나를 핥아가며 살아온 날들이 시가 되었다.

참 고맙다.

2013년 늦가을
송임순

차례

시인의 말

제1부

참 13
상생 14
섬강 15
곁 16
이 저녁 17
언짢은 사실 18
가로등 20
교항리 풍경 21
나는 보았네 22
원주 가는 길 24
늙은 침대 25
부모 26
저 새파란 것들 27
원초적 본능 28

제2부

연민　31
외삼촌 생각　32
속사정　33
웃는 귀신　34
지병　36
발바닥　37
투신　38
듣고 있나요 1　39
듣고 있나요 2　40
듣고 있나요 3　41
커피가 떨어진 아침　42
생닭집이 없던 그 시절　43
쥐똥이란다　44
번개 치던 날　45
빗장 없는 강산　46

제3부

지향 49
고삐 50
그냥 가자 51
나이 속에 든 것들 52
집사람은 한글을 모른다 53
항변 54
공포가 사라졌다 55
여로 56
그렇게 하자 57
무욕은 과욕 58
지천명 59
시가 있어 60
시야 일어서라 61
마땅찮다 62

제4부

새벽달　65
나무는 죽거나말거나　66
산딸기를 따다　67
은혜와 원수 맺음을 경계하였건만　68
방생　70
의지와 한계　71
쏠비치에서　72
감옥 보내기　74
주름은　75
국제전화　76
오자미 놀이　77
어긋난 사랑　78
하수가 상수　80
눈물이 앞설 때　81
어느 이별　82

해설 │ 울음과 웃음 사이─'사실'의 시　83
　　　│ 백인덕(시인)

제1부

참

참이라는 말
파란 산나물 위에 얹혀 구르는 참기름 방울 같고
입속에 든 참배 맛 같아
참 그립습니다
참 고맙습니다
도끼 얼굴에 핀 보조개처럼
판다곰 웃음소리처럼
정분이 납니다
한번 써보세요
제가 써보고 권하는 거니까요
아!
그 옛날 순둥이 울 엄니
참! 참! 참! 하시면
참 많이도 화나신 거였습니다
무엇이든 과하면 화를 부른다지요
곁에 두고 가볍게 하나씩만 꺼내 쓰세요
참이라는
참 좋은 말

상생
— 목화솜

내게 맨발로 와서는
내게 알몸으로 와서는
숨겨 달라 하네
부끄럽다 하네

네게 맨발로 가서는
네게 알몸으로 가서는
숨겨주라 하네
부끄럽다 하네

섬강

어둠을 벗은 물빛
더없이 그윽한
그 청동빛
한 삽 퍼 올리듯
정신 차려 창문을 열면
순하디순한 강물에
거꾸로 처박힌
물까마귀들
물살에 쓸려가는 제 그림자에 놀라
입에 문 물고기를
자꾸
놓치고 있네

곁

도솔사 오르는 길
굽을 대로 굽은 늙은 소나무 한 그루가
길 건너 잡목 숲까지
가지를 뻗고 있다

나무는
자신의 가지를 다른 나무 가지에 함부로
밀어 넣지 않는다고 했는데

우리는 서로 너무 팽팽했다
우리는 너무 격조했다

결핍이 낳은
곡선이듯
평생 혼자 늙은 소나무가
드디어
곁을
그리워하기 시작했다

이 저녁

장마 지난 뒤
매캐한 풀잎의 내음에
찌르레기 울고
흙물을 보낸 강 물결이
잔 바위의 허리춤에 매달려
하염없이 맴돌던 저녁
강가의 황새 흰 미리
산새소리 쪼며
먹이를 뒤적이는
이 저녁
구름 아래 머무는
생의 입자들
들바람을 안고
흘러
흘러가는

언짢은 사실

고요한 연못에
소복하니 울음을 쏟아놓는 개구리들
저들의 울음은 여름일까
가을일까

온종일
유리창을 때리는 빗소리를 듣다가
저 소리들은 모두 어디로 가나
흐르는 것들의 소멸에 대해
생각하다가

저만치
옥수숫대 끝에 아슬아슬 매달려 있는
청개구리의 젖은 눈을 보았다
그 어린 것의 기척에
손사래를 치며
울었다

한 생애를 품고 빗속을 나는 새들의 울음이
한낱 소음으로 들리는,
나는 여름일까
가을일까

가로등

한밤 내
언 강가에 서서
찬 서리에
온몸 부비며
밤을 견디는 억새들을
시린 눈으로
지켜보다
동트는 아침이 되면
숨이 꼴딱
넘어가는
너는,

교항리 풍경

교항리 109번지
열매 없는 콩 이파리만 누렇게 떠서
콩깍지만 남아 있다
느닷없는 잠자리 떼가 동심을 벗고
기이하게 하늘을 난다

—이쪽으로 와, 거기 똥이여
—떡잎이네, 아니 똥 모르고 떡잎도 모루?

콩깍지 입에 문 어린 새 한 마리가
다리를 절룩이며 뛴다
흐린 물속 뒤적이던 어미 새
수풀더미에 긴 부리를 쑤셔 박고
먹이를 찾는다
소나기에 불어난 물소리에
자꾸 꽁지가 탄다

나는 보았네

눈 쌓인 금대계곡 곡예 하듯 올라
눈물이 질금질금 나는 군불연기를 쏘이며
아랫목에 발을 묻고
여담야담으로 침이 튀던 밤
술 하지 말아요 형
동행한 시인이
세속에서 불어오는 장애물 타넘기와
산속 시인의 외로움을 견인하려
삶의 방식에 대하여 누누이 피력하다가
시가 곧 삶의 산물이이라며
자신을 설득하는 일이란
얼마나 고된 노동인가
독주 잔을 기울인 탓이거니,
혼자 할 수 없는 것을
혼자 해결하며 산다고
터놓고 말하던 산속 시인
한밤중에 귀뚜라미 노래를 크게 틀어놓고
긴 머리털을 마구 흔들며

몸을 비틀던
그 뭇별이 시리던 밤

원주 가는 길

버스 위로 올라서는 승객들의 요금을 카드기와 현금으로 번갈아 받던 기사 아저씨가 요금을 치르고 막 찐 옥수수 다라이를 당신 의자 곁으로 버썩 끌어당기는 할머니를 돌아보며 한마디 한다

할머니 더 넣으세요
뭘 더 넣어
요금 덜 내셨잖아요
다 냈어
번번이 그러심 돼요?
내가 운제?
여기 통에 다 보여요

기사님이 퉁명스레 투명한 요금상자를 가리키자 할머니는 목에 두른 수건으로 가만가만 땀을 찍어내며 무안하니 고개를 돌려 차창 밖 벼이삭 사이로 달음박질하는데 할머니의 굽은 등 위로 햇살이 뜨겁게 쏟아져 내리던 어느 무더운 여름 한낮

늙은 침대

하늘 한번 쳐다보고 땅 한번 쳐다보며
늙은 침대가 길 떠나간다

지난날
침울한 머리맡에서
마른 꿈들 덜어내며
내 손 거머쥐고 달려온 침대였다
향그런 꽃내음에
옷고름이 풀어지면
연둣빛 밀알을 하나씩 밀어내던 침대였다
수풀 헤치며 가고 또 가도
끝없어
목이 메던 밤
카네이션 한 아름 안겨주던 침대였다
쉬임 없이
나를 일으키던 침대였다

부모

누가 알리,
새끼가 젓는 헛바퀴에 옷자락 감기어 가는 것을

어찌 알리,
새끼 헛발에 채어 자꾸 비명 새는 것을

저 새파란 것들

늘푸른것처럼
으레푸른것처럼
소생의소음없이
해산의포효없이
우연히길을걷다
길섶에움튼애순들
바람이부는대로
물결이치는대로
샛바람에산들산들
핏대도안세우고
나잇살먹은
내머리통을후려치는
저새파란것들

원초적 본능

어느 부적절한 바람이
또 누구를 흔드는가

홀로 든 찻잔 속에서
뜬금없이
뒹굴다 가는
바람이
밉다

갈대가 우짖는다

지지배배
지지배배

제2부

연민

인간이
새의 먹이가 되지 않는 건
새의 눈 밖에 나 있기 때문입니다

외삼촌 생각

살구나무를 보면
외삼촌 생각이 난다

지난날 통치마를 팔랑이며 외가에 가면 고등학생이던 삼촌은 어린 조카를 예뻐라 하며 살구를 털어주곤 하였다 많이 가난했던 삼촌은 뒤란의 몇 가닥 포도넝쿨이 유일하게 돈이 되었으나 지게에 하나 가득 지고 시내 내려와서는 나를 앞세우고 서서 수줍어 말도 못하고 가게 아줌마가 셈하여 주는 차가운 돈을 상처 입은 새처럼 두 손에 받아들고 앙상하니 빈 지게를 걸머진 채 돌아오곤 하였다 그런 삼촌의 뒷모습은 내 어린 가슴에 멍울져 거기 신작로에 여즉 서 있고 삼촌은 이후 청년시절 결핵을 앓으며 무지 살고 싶어 하였다

속사정

세상 밖으로 나아가는 속사정이야
뜯기고 터지고 꿰매는
상처로 이루는 일
만만하니 손닿아
제 속 뒤집어써가며
깨어진 절개 잇대어 간다
해도 가고 달도 가고 재봉틀도 가는
구구한 일상들
솔기 속 바지랑대에 괴어두고
정색으로 마루 끝에 나선 소품들
실밥 탈탈 털어
바깥나들이 하던 날
잠자리가 쌕쌕이 비행기를 태우고
하늘을 날고
서산 노을이 곱다

웃는 귀신

덜커덩 덜커덩 드르륵 득득
재봉틀 소리에 진저리를 치던 남편이 어느 날
봄비를 맞으며 가출을 했다

―엄마, 아빠 우리 집에 오셨어요
―오시건, 그래 느이 아빤 듣기 좋은 소리만 골라 들어야 한다디?

새순을 밀어내는 봄 햇살이 들이치던 오후
남편이 귀가를 했다
호두 빵을 들고 서서 안전한 착지를 탐색하며
실없이 묻는다

혼자 자니
웃는 귀신이 무섭디?
우는 귀신이 무섭디?

당신 마음 바깥에 있는 게 더 무서웠노라고 하면

납득을 할까…?

웃는 귀신아!

지병

즈음
솜이불 열 채를
숨도 안 쉬고 결사 매진하여 꾸려놓고
몸이 곯아
재봉틀을 밀쳐내며
시를 찾았다

시인은 심신이 곯고 곪아야 한다지만
생활을 담보로 하는
시의 길이 새삼 가혹타 하겠다

해도,
자식을 기르는 어미처럼
부디
너나 잘 되거라 한다

지병이다

발바닥

발바닥은 눈을 감고도 네 비밀을 다 본다

발바닥은 눈을 감고도 네 행적을 다 안다

발바닥이 눈을 뜨면
너는 뒤로 자빠질 것이다

투신

도심의 빌딩숲에 가려
까무룩 깊어가는
찬별 돋은 밤
두 눈에 그렁그렁 눈물이 고여
낙하하는 아픈 영혼들
남몰래 지켜보는 한강다리
아침이면
죽은 이의 원혼을 달래듯
마포대교의 눈물이
하염없다
밥은 먹었니? 옷자락을 잡는
다리난간의 호소가
엄마의 음성으로 들려온다면
그 가슴
피어나려는지

듣고 있나요 1

별들이 모빌처럼 쏟아져 내리는
푸카키의 밤하늘 아래
나는 지금 당신을 만나러 갑니다
하늘 가까이에 아무도 없어
새삼 하고픈 말이 많은데
별빛 언저리 부옇게 흐려지고
저어도 저어도 닿지 않는 당신의 체취에
촛농처럼 가슴만 꺼집니다
꿈결이듯 떠 있는
은하수의 숲에서
아스라한 기억들이
가없는 사랑을 싣고 오는
남섬의 밤
별빛에 비치는
못다 한 회한이
멍울진 속을 굴려옵니다

듣고 있나요 2

푸카키의 호숫가에
루핀 꽃이 무심히 하들거립니다
언제
저 고운 물빛을 들추어
호수 아래 잦아든 내 숨결들
얼굴 부비는 날
있을런지요
타스만 강을 따라 흘러온
밀키블루의 물빛이
다만 호수인 채
심해 속 전설일랑
잊으라 합니다
호수 위로 손 젓는
향그런 내음들이
핑크빛 햇살에
바스라집니다

듣고 있나요 3

크라이스트처치로 이동하는
저토록 너른 초지의 길섶에
노랑 코하이꽃이라니요
뽕을 먹는 누에처럼
양떼들이 노니는 푸른 초원은
하염없고
굽이쳐가는 길은
끝없습니다
라카이아 다리를 지나며
우거진 숲을 저어가는
푸른 가지를 봅니다
보랏빛 햇살 드리운
그림 같이 작은
'선한 목자의 교회'에 앉아
무릎에 두 손을 모았습니다
헤글리 공원의 광대한 녹지를 밀어내며
감아쥐는 내리사랑 손 있습니다

커피가 떨어진 아침

감 하나 까먹고
월 하나 따먹고
햄 한쪽 건져먹고
창밖을 보다
벼이삭이 영그는 논가에서
푸른 솔가지에
까치울음이 잦던
밤길 멎은 새소리를
바람에 실어오며
나와 속정을 나누던 오색의 마음들
달빛에 희나리처럼 바래어
한줌 마른 솔잎으로 거느리고
가을을
저어 저어가는
저 소나무

생닭집이 없던 그 시절

생각이 난다
생각이 난다
친정이 곁에 있던 시절
꼬꼬닭 한 마리 사들고
아버지께 가면
이서 오너라
사슴 눈으로
금세 잡아 손질해서 내어주시던,
닭대가리며 닭발 창자 등
내치는 부위들
아버지 혼자 끓여 드실 거라 짐작하면서도
살 토막 하나 안 남기고
다 먹고 오던,
호래 딸이던 그 시절이
생각 없던 그 시절이
생각이 난다
생각이 난다

쥐똥이란다

해 뜨고지고뜨고지고뜨고지고뜨고지고
밥 먹고자고먹고자고먹고자고먹고자고
갈피에
마른 딱지
창 너머 서산이
쥐똥이란다
너울너울
먼 산울타리
길가에 내려놓은
내 마음이란다

번개 치던 날

돌봉숭아가 바위에 다람쥐 오줌처럼 피어 있고
다래가 농익어 툭툭 떨어지는 산기슭을
오르고 또 오르며 가는 비탈길에 사는
모 시인은
하늘과 땅이 없고
나무숲이 깨어 방울소리를 내는 산골짝에서
벽을 타고 다니는 산쥐들과
거듭나려는 기색 없이도
잘 살고 있었는데
일반인이 따라할 수 없는
동경이 언감
능선이 무릎에 앉아 벙글거리는
정자 위로 솟아올라
내 허리춤을 찔러대더니
하산 길에
떡갈나무 속으로 숨어들던
그 외로운 번개

빗장 없는 강산

강 건너
수녀원 길목에 선
백열등 하나
겨울나무 숲을 더듬어 올라
수도자의 길을 밝히듯
밤하늘을 붉게 물들이고
수심 없는 밤 풍경
무리 지어 오는데
새끼를 잃었을까
울어도 아름다운 새소리가
물소리를 지우며
오늘 하루 비릿한 속을
말끔히 쓸어간다
내 삶의 토사물을 실어 가며
모태처럼 나를 품어주는
빗장 없는 강산이여
나의 스승이여

제3부

지향

새벽닭이 운다

볏처럼 붉은 아침 해를 잡아넣고
오늘은
꽃
비빔밥을 해야지

고삐

여보! 당신! 엄마! 아줌마! 작은엄마! 큰엄마!
어머님! 형님! 장모님! 이모! 고모! 외숙모!
처형! 처제! 올케! 사돈! 사부인! 언니!
누나! 동생! 동서! 형수! 선배! 후배!
자네! 자기! 친구! 손님! 아줌마!

그냥 가자

꽤 안 풀린다!

서걱,
쇳소리로
새벽잠을 베는 남편의 독백이
굉음처럼 크다

아닌 새벽에 풀긴,
고뇌하여
편애 없이 오는 새날에
성근 날을 부를 것인가
질풍 같은 나의 대꾸는
그냥 가자였다
셈할 수 없는 미지의 날들
여차하면 가는데

그냥 갑시다!

나이 속에 든 것들

실 허리에 좁쌀 같은 얼굴 들고
길가에 선 노오란 들꽃
나이 없는 너는 모르지?
나이 속에 든 것들
나이 속에는
파도를 닮은 여로와
바람에 버석거리는 가을 숲 그리고
길을 잃고 꿈속을 헤매는
산수 비경의 풍경까지
온갖 것들이 마치 부대찌개 같아서
먹을 만하다는 것
너는 모르지?
먹을수록
허기가 더한 것도

집사람은 한글을 모른다

 찌르레기가 우는 들길을 지나 시내버스를 타고 남편 의 료보험 지정 정기검진 받으러 종합병원에 함께 갔다 기록 해야 할 용지에는 깨알 같은 글씨로 가입자 구분 피부양 자 과거병력 진단여부 등 이해할 수 없는 목록들이 즐비 했다 한참을 들여다보다 성미 급한 남편은 작성 요구 시 거절이 다반사인 혼잡한 창구를 향해 걸어갔는데 저만치 서 직원이 내 쪽을 한번 힐금 쳐다보더니 순순히 기록을 한다 쉽게 처리된 상황이 뜻밖이어서 남편 옷자락을 끌어 와 귀에 손 가림을 하고 묻자 자신은 눈이 어두워 잘 안 보 인다, 그럼 아주머니가 적으라, 집사람은 한글을 모른다, 그렇게 된 것이란다 어쨌거나 내 글이 모처럼 남편에게 도움이 되었다니 기쁜 일이었다

항변

아직 더
버둥대야 하나요?
버둥거리는 게 살아 있는 징표라지만
분통이 터집니다
대체 왜 자꾸 내게
태클을 거는 겁니까?
나이를 먹였으면
포만감을 주어야지
어디 내게
공짜로 준 것 하나 있습니까?
더구나
생각이 다르다고
그르다니요?

공포가 사라졌다

이상타
무섬이 없어졌다
이상타
젊었을 적엔
고래 고래
쌈박질 한번 못했는데
새끼들 다 떠나보내고 나니
무섬이 없어졌다
공포가 사라졌다
이상타

여로

님이다

남이다

흥겹다

지겹다

얼었다

녹았다

막혔다

뚫렸다

흐렸다

개었다

죽겠다

살겠다

용쓰다

시쓰다

그렇게 하자

나 늙어 너무 야물지 말자
나 늙어 너무 꼿꼿치 말자

업혀 가는 아이처럼
흔들흔들 기대어
흐릿하게
지워져 가자

그렇게 하자

무욕은 과욕

언제부터일까
아무 생각이 없는
나를 반기는 게,
고픈 것 없는 욕망이
미미한 일상이
의미 있음은
역동의 날들이 두고 간
유품인가
층층길 가며
무욕은
과욕일까

지천명

살짝 슬프면 좋겠다

살짝 외로우면 좋겠다

살짝 비껴가면 좋겠다

그럴 수만 있다면

시가 있어

밖에서 서성이는
또 하나의 나로 하여금
발 없이 길 떠나
떠도는 말을 몰고 와
쓰다듬고
가다듬어
옷을 입히는
시
가 아니면
나
바다를 뒤척여
하늘을 볼 수 없으리
거리에 숨어 있는 나를
찾을 수 없으리

시야 일어서라

맨땅에 떨어져
저 혼자 기필코 일어서고 마는
망아지 새끼처럼,
일어서
걷고
걷고
걷다보면
너의 명상은 바람개비처럼
돌 것인가?
심해에서 부르는 노래는 언제
수면 위로 떠올라
푸석한 날들을 침범할 것인가
꼬리를 잘리면서도
질긴 생명력을 가진
도마뱀처럼
징그러운 시야

마땅찮다

서산 노을빛을
오롯이 품어 안을 때면
그 빛
문 닫는 소음 같고
황혼의 발소리 같아
마땅찮네
마음 두고 먼저 가는 육신도
마음 두고 몸만 가는 세월도
마땅찮네
마땅한데
마땅찮네

제4부

새벽달

신 새벽
마른 가지에 걸린 달을 보네

가난한 마을에 뜬 착한 달이네

차가운 창문 밖에서
독거노인의 눈을 밝혀주는 착한 달이네

나,
저 달의 마음을 온몸으로 받아 적어

온 동네 구석구석
뿌리고 다녔으면 좋겠네

나무는 죽거나말거나

어느 늙수구레한 사내가
가만히 서 있는 어린 벚나무를
발로 차고 또 차고 힘차게 옆차기를 한다
나무는 죽거나말거나
아랑곳없이
기합을 넣어가며 발차기를 한다

태권도 하던 사내 어언 물러가시고
멀찍이 갈참나무에 앉아
그걸 지켜보던 참새가
어린 벚나무 곁으로 다가가
이마를 짚어보는 것이다

산딸기를 따다

새벽 4시
졸린 산허리가 빚는 안개 빛은
어둠을 걷으며 달리는 내내 천연색이었다
토시에 장화 배낭을 메고
평창에 닿아시도 산허리를 돌아올라
정상에 당도는 하였으니
나무에서 떨어지는 이슬방울이
후두둑 빗소리를 낼 뿐
산딸기는 보이지 않았다
음산하게 우는 낯선 짐승소리와
목에 감겨오는 나뭇가지에 기겁을 하며
엄지발까락을 깨무는 장화를 벗어들고
맨발로 숲을 헤매었다
가시덤불 차양을 쓰고 숨죽여 앉은
청정고지의 요정
산딸기의 저항이었으리
찬이슬을 머금으며
산그늘에서 이슥토록 살고픈

은혜와 원수 맺음을 경계하였건만

찬바람 부는 강변길을
아무 생각 없이 걷던 겨울밤
꽥! 꽥! 꺅! 꽥!
새가 괴이하게 울며
푸덕푸덕
강변 둔치로 날아들고 있었다
순간 큰소리로
너 왜 그러니?
그러자
날아 앉던 새가
흠칫! 한다
그때
새의 앞발에 채어 비명을 질러대던
작은 새 한 마리가
수리부엉이의 손아귀에서 벗어나며
어둔 창공 속으로
빠르게 사라져 간다

나 이제껏
은혜와 원수 맺음을 경계하여 왔건만!

방생

파도 따라온 조가비가 모래언덕에 쓰러져
머언 길에 가물가물 졸음처럼 실려 가며
하늘을 바라보네
꺼져가는 조가비의 숨결 곁으로
갈매기가 슬피 울고
해풍이 굽어 머물지만
바다를 부를 수는 없네
뱃고동소리 멀어지는
뙤약볕 아래
새벽이슬에 기대어
소라를 그리던 어느 날
행주치마를 두르고 해변을 서성이던 손이
저변 속 근심더미의 머리띠를 풀어
조가비의 마른눈물을 닦아주네

지금쯤 조가비는
바다에 빠진 나의 머리띠를 찾아
수초 사이를 헤엄칠 것이네

의지와 한계

강변에 나가

간밤 얼음장처럼 차가와진 마음을 널었습니다

종잇장처럼 가벼워진 관계를 생각했습니다

강물에 두 마음을 흘려보냈습니다

내 뜻이 아니었습니다

당신 뜻도 아니었습니다

쏠비치에서

쏠비치의 새벽
헝큰 머리를 손가락으로 빗으며
서둘러 방을 나섰다
콘도 앞 잘 가꾸어진 화단에는
해당화 빠알간 꽃잎이 나풀나풀 걸어오고
수평선 멀리 해미* 속에서
떠오르는 태양이
수줍은 신부처럼 신비로웠다
나는 인파 속에서 두 손을 모았고
해 그림자 반짝이는 해변 산책로를 걷다
녹슨 열쇠들이 주렁주렁 매달린
안내문을 보았다

사랑의 자물쇠
 사랑하는 가족 연인들이 사랑을 약속하며 자물쇠를 채우고 그 열쇠를 깊디깊은 바다 속에 던져버려 사랑이 영원하리라 언약한다는 의미입니다. 자물쇠는 로비에서 판매합니다

파도 속에 뒹구는 언약들이여 건투를!

---

*해미 : 바다 위에 낀 아주 짙은 안개.

감옥 보내기

죄 지은 사람만 감옥에 가는 것 아니다

수고하지 않는 이
고뇌하지 않는 이
위아래를 모르는 이
원칙을 모르는 이
거울을 안 보는 이
내비를 안 보는 이

다 감옥 가야 한다

주름은

주름은 그런 거

억새가 비단처럼 고운 거
꽃의 한숨을 들어주는 거

주름은 그런 거

푸른 산이 푸르게 보이는 거
강물이 소리 내어 이마 위에 흐르는 거

국제전화

엄마 나야…
수화기에 실려 오는
아들 목소리

수평선이 보이는 푸른 바다 위
끼룩 끼룩 갈매기 떼 날아오르고
저변에 맴돌던 잿빛구름
말가니 거두어간다

그래 밥은 잘 먹고 잘 지내냐
그럼…

물살을 가르며 질주하는 뱃머리에서
머리카락 흩날리며
고동소리 듣는다

오자미 놀이

지붕 위에 흰 눈을 얹은 9층 병실
곁 침상에 우리 연배의 어느 보호자가
환자 등 두드려주고 다리 주물러주고
일거수일투족 그 극진함에 눈길이 가는데
수신 불능의 둔화에도 그니들 서로
누구냐고 묻지를 않는다
하나이면서 둘의 리듬인 채로
쿨 하게

하나이면서 둘인 게 부부라는데
관심과 관여가 가미되어
소득 없고 재미없이
습관처럼 주고받는
오자미 놀이 같은
둘이면서 하나의 리듬인 채로
진부한

어긋난 사랑

고풍스런 건물이 둘러선 이태리 깜뽀 광장
눈부신 하늘 아래
연분홍 돌담이 들추는 이국의 빛이
방금 핀 꽃잎처럼 찬란하였다
여행객들이 여기저기 광장에 주저앉아
한가로이 담소를 나누고 있었다
―여기 좀 앉아라
우리 가족은 비둘기 똥을 피해 나란히 앉았다
―내가 죽거든 천주교 뒷산에 묻어라. 벌초하기도 좋고…
유학시절의 감회에 젖어 있던 아들이 정색을 하였다
―그런 말씀은 때와 장소가…
―애비 말에 무슨 때가 있느냐!
덜커덩! 덜커덩!
의도하였을 교감이 쉬이 섞이지 않는다
나는 심지가 타는 것처럼 애가 타고
가득 부으려다 쏟아진 잔처럼 부자가 애석하여
일어서서 고개를 떨구고 원을 그리며 광장을 걸었다

이쯤, 관망하던 타국의 돌탑 그늘이
부자의 어긋난 사랑을 접목하려
뒷걸음질을 하였다

하수가 상수

어설프게 물든 가을 싸리나무처럼
고스톱을 하거나 공을 칠 때면 나는
어리벙벙 애송이가 된다
썰렁하니 선웃음이 나고 몸이 어줍다

파아란 잔디 위
나란히 드러누운 연인들의 애정 행각이
부럽다가도
눈꼴시다가도
나는 왜 자꾸 눈길이 가는가

황토밭이 깨어 도라지꽃이 나도록
구멍 난 주머니를 차고 짓무른 시간 속을 헤매는데
나의 거동을
한동안 담장에 기대어 지켜보던
빠알간 장미넝쿨
발목을 툭 친다

눈물이 앞설 때

눈물이 앞설 때에는

악의 자리 없어

나의 자리도 없어

어느 이별

세 살 때 꿈결처럼
엄마 잃은 아이,
마트에 간다던 엄마
저어기 하늘나라에 갔다니까
알아듣는 듯 고개를 끄덕끄덕
삼오제 날 등에 업혀
산소를 돌아보며
엄마 안녕
어른들 소스라치게 하더니
엄마가 쥐어주던 색연필 손에 들고
홀로 종이 위에
꾸욱 꾹 금 그으며 놀다
엄마 영정사진 무릎 위에 얹어놓고
한없이 들여다보던
울지 않는 아이,
그 곁에서 펑펑 울던
버썩 마른 나의 오빠 그 애 외할배

해설

울음과 웃음 사이 — '사실'의 시

백인덕 시인

1.

맑은 감성으로 깊은 지혜의 감동을 잔잔하게 울려낼 수 있는 시(엄밀하게 말해 시 세계)는 그 자체로 아름답다. 아름답다는 말의 본뜻은 시가 미학의 층위에서 해석, 이해되기 때문에 불가피하게 붙게 되는 찬사일 뿐이다. 그런 시는 진실하고, 선하다고도 말할 수 있다. 진실하다, 선하다는 것은 독자들의 효용의 측면에서 생각해볼 수 있는 다른 층위일 뿐, 어쩌면 진실하고-선하고-아름다운 것은 인생이란 바퀴의 '기억'이란 중심에서 뻗어나간 세 개의 부챗살에 지나지 않을지도 모른다. 문제는 추상적 의미에서의 인생이 아니라, 구체적 기억으로서의 삶에 달렸을 뿐이다.

송일순 시인의 이번 시집, 『언짢은 사실』은 매우 강한 미덕 하나를 시집 전반에 걸쳐 때론 후광(後光)처럼, 때로는 배면(背面)처럼 드리우고 있다. 복잡한 사건으로부터 시작된 것이 아니라 분명한 사실에서 작품들이 빚어지고 있다는 점이다. 일반적으로 사건으로부터 동기화된 작품들은 원인-결과와 그것의 영향이라는 좁은 그물망에 갇히기 십상이다. 반면에 사실을 바탕으로 한 작품들은 시인의 체험에서 비롯되었기에 넓게 퍼져나갈 수 있는 자기 동력을 그 자체로 함축하게 된다. 사족으로 비유하자면, 마른 논에 물을 대기 위해 저수지 둑을 허물면 순식간에 논 전체를 해갈할 수 있겠지만, 양수기를 이용해 좁은 수관을 사용한다면 천천히 그러나 충분하게 물을 공급할 수 있는 것과 같다.

> 고요한 연못에
> 소복하니 울음을 쏟아놓는 개구리들
> 저들의 울음은 여름일까
> 가을일까
>
> 온종일
> 유리창을 때리는 빗소리를 듣다가

저 소리들은 모두 어디로 가나
흐르는 것들의 소멸에 대해
생각하다가

저만치
옥수숫대 끝에 아슬아슬 매달려 있는
청개구리의 젖은 눈을 보았다
그 어린 것의 기척에
손사래를 치며
울었다

한 생애를 품고 빗속을 나는 새들의 울음이
한낱 소음으로 들리는,
나는 여름일까
가을일까

—「언짢은 사실」 전문

 표제작인 이 작품은 송일순 시인이 이번 시집에 담아내고자 했던 한 방향, 다르게 말하면 시인의 체험적 깨달음의 보편적 내용을 온전하게 담고 있다. 그것은 서둘러 말하자면, 우로보로스 뱀의 형상을 닮은 우리 삶의 생성과 소멸, 소멸과 생성의 순환과 같은 것이다. 이 글과 관련하면 '울음/웃음'이 '가을/여름'이라는 시간적 어휘로 대체되었을 뿐이다.

시인은 "고요한 연못에/소복하니 울음을 쏟아놓는 개구리들"을 본다. 듣는다는 것은 곧 보는 것이므로 시인은 정확하게 본다. 그러나 마지막 연에서 "한 생애를 품고 빗속을 나는 새들의 울음"을 '한낱 소음'으로 생각하는 자신을 본다, 듣는다. 일반적으로 한여름의 개구리 울음소리가 짝짓기를 위한 구혼의 소리라는 것을 모를 리 없다. 또한 여름의 끝에서 서둘러 날아가는 새들이 거의 새끼 양육에 실패했다는 것을 모르지도 않을 것이다. 이런 자연적 현상의 배후에서 시인이 "그 어린 것의 기척에/손사래를 치며/울었다"는 반응을 보였다는 점이 무엇보다 중요할 것이다. 물론 이 울음은 "흐르는 것들의 소멸에 대해" 생각하는 시인의 감성적 촉수가 없었다면 불가능했을 것이다.

이처럼 이번 시집 『언짢은 사실』은 뭇 생명의 생장-성장-소멸에 대한 단상들로 가득하다. 앞서 말한 "맑은 감성과 깊은 지혜의 감동"이 은근하게 적절히 간 배어 있다. 읽고 나누고 소통하는 그 모든 참살이의 과정은 오롯이 독자들의 몫이라 믿는다. 필자는 그저 '울음/웃음'이라는 두 개의 요소를 통해 작품들은 가르고, 덧붙여볼 수 있을 뿐이다.

2.

송일순 시인의 시적 지향은 두 방향으로 표출된다. '울음/웃음'이라는 비유어를 사용했지만, 이런 분류는 무한히 확장될 수 있다. 가령, "무엇이든 과하면 화를 부른다지요"(「참」)나 "마음 두고 몸만 가는 세월도/마땅찮네"(「마땅찮다」)와 같은 부정적 인식을 드러낸 부분과 "새벽닭이 운다//볏처럼 붉은 아침 해를 잡아넣고//오늘은//꽃//비빔밥을 해야지"(「지향」)나 "어찌 알리.//새끼 헛발에 채여 자꾸 비명 새는 것을"처럼 시가 긍정적 인식이 드러나는 부분으로도 읽을 수 있다. '웃음/울음', '부정적/긍정적' 또는 '지양/지향'과 같은 이분법적 방법론, 특히 그중에서도 한 편을 지워버리는 배제의 방식은 이번 시집을 읽는 데 크게 도움이 되지 않는다. 문제는 하나의 작품이 여러 갈래로 읽히는 데 있기보다는 시인의 사유가 여러 사태를 포섭(包攝)하려는 강한 의지 아래 놓여 있다는 데 있다.

어둠을 벗은 물빛

더없이 그윽한

그 청동빛

한 삽 퍼 올리듯

정신 차려 창문을 열면

순하디순한 강물에

거꾸로 처박힌

물까마귀들

물살에 쓸려가는 제 그림자에 놀라

입에 문 물고기를

자꾸

놓치고 있네

—「섬강」 전문

살구나무를 보면

외삼촌 생각이 난다

  지난날 통치마를 팔랑이며 외가에 가면 고등학생이던 삼촌은 어린 조카를 예뻐라 하며 살구를 털어주곤 하였다 많이 가난했던 삼촌은 뒤란의 몇 가닥 포도넝쿨이 유일하게 돈이 되었으나 지게에 하나 가득 지고 시내 내려와서는 나를 앞세우고 서서 수줍어 말도 못하고 가게 아줌마가 셈하여 주는 차가운 돈을 상처 입은 새처럼 두 손에 받아들고 앙상하니 빈 지게를 걸머진 채 돌아오곤 하였다 그런 삼촌의 뒷모습은 내 어린 가슴에 멍울져 거기 신작로에 여즉 서 있고 삼촌은 이후 청년시절 결핵을 앓으며 무지 살고 싶어 하였다

—「외삼촌 생각」 전문

첫 번째 인용 작품은 이미지가 너무 선명해서 무슨 의미가 틈입했는지 다시 물을 정도로 좋은 작품이다. 내면과 외경을 결합시킨 수작이라고 할 수 있다. 반면에 다음 인용 작품은 시선이 좀 흐트러져 있고, 시적 화자가 불분명하다. 이 글은 이런 장단점을 읽으려 하지 않는다. 시제를 사용하고 있지 않지만, 시인은 "제 그림자에 놀라//입에 문 물고기를/자꾸" 놓치는 '물까마귀'의 모습을 "통치마 팔랑이며 외가에 가"는 소녀의 모습으로 치환하고 있다. 이 대체, 치환의 힘이 사건이 아니라 사실의 기록으로서 이 시집을 읽도록 한다는 것을 힘주어 말하고 싶었을 뿐이다. 그 '외삼촌'이 "청년시절 결핵을 앓으며 무지 살고 싶어" 했던 인생은 어떤 모습이었을까? "물살에 쓸려가는 제 그림자에" 맥없이 놀라는 모습이었을지도 모른다. 물까마귀들이 순하디순한 강물에 비친 제 그림자에 놀라 입에 문 물고기를 놓치는 현상과 가게 아줌마의 차가운 돈을 셈도 못하고 두 손에 받아들고 돌아서는 외삼촌에 대한 기억, 즉 '물까마귀와 상처 입은 새(외삼촌)'가 만나는 지점에서 시인의 포섭하는 지혜가 빚어진다.

 송일순 시인은 재봉틀과 관련한 연작과 「듣고 있나요」 연작을 통해서 자아의 포섭적 지향을 강화한다. 일종의 에피소드로 읽히는 이러한 작품들은 그러나 강한 사실성을 함축하고 있다는 점에서 예사롭지 않다. 나아가 시인이 인칭에 구속되지 않는 글쓰기를 지속하고 있고, 그것이 일정부분 작품에 반영된다는 점에서 새롭다 할 수 있다. 늙음이란 결국 자기 눈에 집중하고, 세계를 밖으로 치부하게 된다는 일반적 사실, 또는 시인이 시적 의미나 형상 이미지에 과도하게 집착하게 되는 현상과 비교했을 때 더욱더 의미를 생각해볼 수 있게 한다.

그녀는 재봉틀과 관련한 연작에서 몇 개의 초상을 보여준다. 아마도 그 초상은 시인의 생활과 직결되었던 것으로 보이는데 담담한 언어 구사 이면에 많은 이야기가 녹아 있음직한 분위기를 자아낸다.

세상 밖으로 나아가는 속사정이야
뜯기고 터지고 꿰매는
상처로 이루는 일

—「속사정」 부분

재봉틀은 뜯거나 터트리는 존재에게 주어진 '삶'의 방편이 아니다. 그것은 "찢어진 절개를 잇대어"가는 지난한 행위다. 필자는 지금 포섭을 말하고 있지만 '찢어진 절개'라는 표현 앞에서 멈칫댈 수밖에 없다. 재봉틀을 움직이는 행위가 생이라는 삶의 추상적, 근원적 사유와 닿을 때, 시인은 이런 이야기도 들려줄 수 있는 존재가 된다.

덜커덩 덜커덩 드르륵 득득
재봉틀 소리에 진저리를 치던 남편이 어느 날
봄비를 맞으며 가출을 했다

─엄마, 아빠 우리 집에 오셨어요
─오시건, 그래 느이 아빤 듣기 좋은 소리만 골라 들어야 한다디?

새순을 밀어내는 봄 햇살이 들이치던 오후
남편이 귀가를 했다
호두 빵을 들고 서서 안전한 착지를 탐색하며
실없이 묻는다

혼자 자니
웃는 귀신이 무섭디?
우는 귀신이 무섭디?

당신 마음 바깥에 있는 게 더 무서웠노라고 하면
납득을 할까…?

웃는 귀신아!

─「웃는 귀신」 전문

비록 많은 정보는 없지만, "서걱,/쇳소리로/새벽잠을 베는 남편의 독백이/굉음처럼 크다"(「그냥 가자」) 정도가 거의 대부분이지만, 앞 시의 에피소드는 정겹다. 재봉틀 소리가 싫다고 딸집으로 가출한 남편이 돌아온 날, 아니 이 정황이 멋지다. "새순을 밀어내는 봄 햇살이 들이치던 오후", 감격의 물결을 시인은 이렇게 표현하는가, 어쨌든 시인은 늘 긍정적 자아로 세계의 사태를 포섭하려는 의지를 멈추지 않는다. 그러나 시인이 시인인 까닭은 그것을 '시'로 형상화하겠다는 강한 자기 욕망과 의지가 뒷받침되었기 때문일 것이다. 그러므로 이제 어떤 시적 성과나 지향이 필요할 것이다.

모든 시는 '기억'에 비롯한다. 이유는 생각하고 상상할 수 있는 능력의 기본에 기억이 있을 수밖에 없기 때문이다. 그러므로 한 개인의 기억은 그 어떤 역사서보다 다채로우며 동시에 그 이상의 가치를 잠재적으로 함유한다. 기억의 내용을 반추하는 방식으로부터 우리가 그의 시적 지향을 읽어내려고 노력하는 이면에는 이와 같은 전제가 깔려 있다.

3.

송일순 시인은 이번 시집을 통해 몇 방향의 자기 지향,

확장하자면 일반적으로 삶의 지혜를 획득하는 과정을 보여준다. 일반적이란 보편적으로 접근 가능하다는 것일 뿐, 아무 수고 없이 획득할 수 있다는 의미는 아니다.

> 실 허리에 좁쌀 같은 얼굴 들고
> 길가에 선 노오란 들꽃
> 나이 없는 너는 모르지?
> 나이 속에 든 것들
> 나이 속에는
> 파도를 닮은 여로와
> 바람에 버석거리는 가을 숲 그리고
> 길을 잃고 꿈속을 헤매는
> 산수 비경의 풍경까지
> 온갖 것들이 마치 부대찌개 같아서
> 먹을 만하다는 것
> 너는 모르지?
> 먹을수록
> 허기가 더한 것도
> ―「나이 속에 든 것들」 전문

어쩌면 이 작품에서 주목받아야 할 부분은 "길가에 선 노오란 들꽃"일지도 모른다. 작품 안에서만 읽어도, 그것들은 '나이 없는 너/나이 든 나'의 대립 관계를 형성하고 있지만, 이러한 이해는 따뜻한 감성으로 가득 찬 1부의 작품 중, "목에 두른 수건으로 가만가만 땀을 찍어내며/무안하니 고개를 돌려 차창"을 보는 '할머니'와 닮아 있기 때문이다. 자연(노오란 들꽃)에게 말하는 나이 듦과 인위(사람/다 냈어)로 형성된 늙음이 같은 감성의 질로 만난다. 비약하자면, 「원주 가는 길」의 '할머니'가 내뱉고 싶었던 한마디를 시인의 위 작품에서 만나게 된다. "너는 모르지?"라는 강한 의문형과 함께.

여기에 대한, 즉 나이 듦이나 기억이 흐려지는 것에 대한 시인의 작품들은 일관되게 미래지향적인 자기 초상을 형상화하고 있다. 이것은 송일순 시인이 운명적 존재이기보다는 의지적 존재라는 것을 반증하는데, 시인이 결국 시를 통해 한 지향을 읽으려 했던 의도가 선명해지는 지점이라 할 수 있다. 앞에서도 인용했지만 다시 읽자면 이런 강한 시는 시인의 성품을 반영한다.

새벽닭이 운다

볏처럼 붉은 아침 해를 잡아넣고
오늘은
꽃

>   비빔밥을 해야지
>
>   　　　　　　　　　―「지향」 전문

 송일순 시인에게 아직도 '새벽'이라는 사실은 오늘을 무참하게 비극적으로 치장하는 시인들에게 어떤 의미로 들릴 것이다. 나아가 '아침 해'와 '꽃'으로 비비는 비빔밥은 시인의 포섭(包攝)적 지혜에 대한 또 한 번의 사유를 촉발하고도 남을 것이다. 더불어 가능하다면, 이 서정의 깊이는,

>   참이라는 말
>   파란 산나물 위에 얹혀 구르는 참기름 방울 같고
>   입속에 든 참배 맛 같아
>   참 그립습니다
>   참 고맙습니다
>   토끼 얼굴에 핀 보조개처럼
>   판다곰 웃음소리처럼
>   정분이 납니다
>   한번 써보세요
>   제가 써보고 권하는 거니까요
>   아!
>   그 옛날 순둥이 울 엄니

참! 참! 참! 하시면

참 많이도 화나신 거였습니다

무엇이든 과하면 화를 부른다지요

곁에 두고 가볍게 하나씩만 꺼내 쓰세요

참이라는

참 좋은 말

—「참」 전문

    사실로서의 시가 아름다운 것은 우리가 누구나 눈에 보듯 볼 수 있기 때문일 것이다. 그러나 다시 이 작품을 언급해야 하는 이유는 '참'을 말하는 것이 결국은 부정의 의미로 소통되어서는 안 된다는 시인의 강한 의지 때문이다. '참기름'처럼 고소하고, 제 자신이 흔적도 없이 모든 재료들 속에 녹아 배어드는 것. 포섭을 지향하는 시인의 꿈, 그 이상으로 그 가치는 확대된다. 그러나 "참! 참! 참! 하시면", 즉 그것은 지나치게 많아서 화가 나는 것이 아니라 참이 아닌 것이 참인 척하는 세태가 일반화될 때, "순둥이 울 엄니"처럼 시인도 분노할 수밖에 없는 것이다. 세계를 향한 시인의 '참'다운 자세가 널리 읽힐 필요가 여기에 있다.

이 도서의 국립중앙도서관 출판시도서목록(CIP)은 서지정보유통지원시스템 홈페이지(http://seoji.nl.go.kr)와 국가자료공동목록시스템(http://www.nl.go.kr/kolisnet)에서 이용하실 수 있습니다.(CIP제어번호: CIP2013023949)

문학의전당 시인선 171

언짢은 사실

ⓒ 송일순

초판 1쇄 인쇄	2013년 11월 20일
초판 1쇄 발행	2013년 11월 25일
지은이	송일순
펴낸이	김석봉
책임편집	이현호
디자인	조동욱
펴낸곳	문학의전당
출판등록	제311-2012-000043호
주소	서울시 은평구 연서로11길 7-5 401호
편집실	서울시 마포구 공덕2동 404 풍림VIP빌딩 413호
전화	02-852-1977
팩스	02-852-1978
블로그	http://blog.naver.com/mhjd2003
전자우편	sbpoem@naver.com

ISBN 978-89-98096-56-4 03810

* 이 책의 판권은 지은이와 문학의전당에 있습니다.
* 양측의 서면 동의 없는 무단 전재 및 복제를 금합니다.
* 잘못 만들어진 책은 바꿔드립니다.